AF305613

CITHERE ASSIÉGÉE,

BALLET EN TROIS ACTES,

REPRÉSENTÉ,

POUR LA PREMIÈRE FOIS,

PAR L'ACADÉMIE - ROYALE DE MUSIQUE,

Le Mardi 1er. Août 1775.

PRIX XXX. SOLS.

AUX DÉPENS DE L'ACADÉMIE.

A PARIS, Chés DELORMEL, Imprimeur de ladite Académie, rue du Foin, à l'Image Sainte Genevieve.

On trouvera des Exemplaires du Poeme à la Salle de l'Opera.

M. DCC. LXXV.

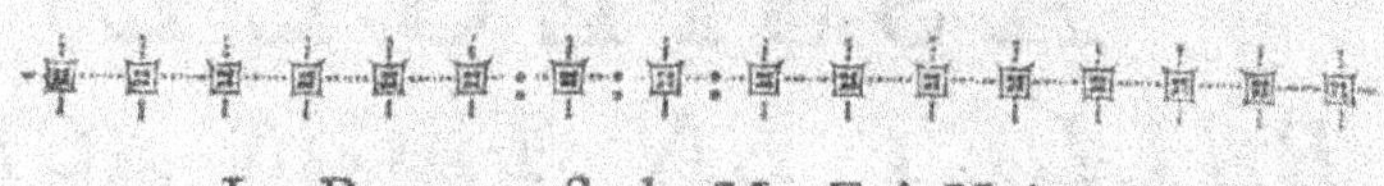

Le Poeme est de M. FAVART.

La Musique est de M. le Chevalier GLUCK.

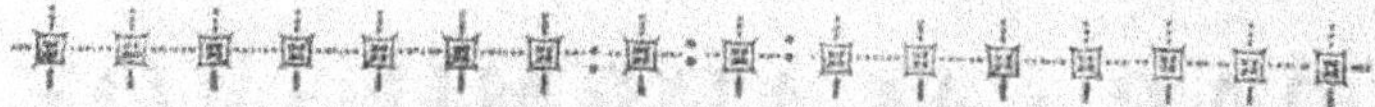

Nota. M. Gluck ayant été obligé de retourner à Vienne plutôt qu'il ne s'y attendoit, n'a pas eu le tems de faire la Musique du Divertissement du dernier Acte : il a engagé M. Berton de le supléer à cet égard. Son amitié pour la personne de M. Gluck, & l'estime singulière qu'il a pour ses talents, ne lui ont pas permis de se refuser à la confiance qu'il lui marquoit : il a travaillé en conséquence, mais par pur sentiment, & sans nulle autre prétention que de prouver à l'Auteur son attachement, & au Public son zele pour tout ce qui peut concourir à ses amusements.

ACTEURS ET ACTRICES
CHANTANTS DANS LES CHŒURS.

CÔTÉ DU ROI.		CÔTÉ DE LA REINE.	
Mesdemoiselles.	*Messieurs.*	*Mesdemoiselles.*	*Messieurs.*
Fontenet.	Cailteau.	le Bourgeois.	Candeille.
d'Hautrive.	Héri.	d'Agée.	Vatelin.
Veron.	Lagier.	des Rosières.	l'Écuyer.
Renard.	Van-Hecke.	de l'Or.	Tourcati.
Garrus.	Martin.	Chenais.	Ghuiot.
Rouxelin.	le Grand.	Denis.	Capoi.
Duval.	Hallmans.	de Merei.	Moreau.
	Boi.		Tourvel.
Longeau.	Huet.	Thaunat.	Méon.
Bellier.	Itasse.	Dussée.	Beghaim.
Sanctus.	Parant.	Châteauvieux	Cleret.
de Sivri.	Jouve.	du Fresnoi.	Tacusset.
S. Aubin.	Patoulet.	Constance.	Baillon.
		de Beaulieu.	de Lori.
			Fagnan.

A ij

ACTEURS CHANTANTS.

DAPHNÉ,	Mad. l'Arrivée.
DORIS,	Mlle. Châteauneuf.
CLOÉ,	Mlle. le Vaſſeur.
CARITE,	Mlle. la Guerre.
BRONTÈS,	M. Gélin.
OLGAR,	M. Tirot.
BARBARIN,	M. de la Suze.

HABITANTS DE CITHERE.
NIMPHES.
SCITHES.
SARMATES.

PERSONNAGES DANSANTS.

ACTE PREMIER.

HABITANTS de CITHERE.

M^{rs}. Liesse, Roissi, Pladix, du Pré, Laval, Rufflet.

NIMPHES de CITHERE.

Mlles. Martin, Jonveau, Felmé, du Mesnil,
du Bauchet, Bigotini.

JEUNESSE de CITHERE.

M^{rs}. Clergé, Guenet.

Mlles. Michelot, Mulaire.

BERGERS & BERGERES.

M Vestris, f., Mlle. Asselin.

M^{rs}. Dossion, Aubri, Hennequin, 1., le Breton,
Olivier Barré.

Mlles. Henriette, Constance, du Pin, Duval,
Auberte, Thiste.

ACTE SECOND.

SCITHES.

M^{rs}. Leger, Abraham.

M^{rs}. Henri, Huart, Rivet, Petit, Dangui, le Roi, 1.,
Balderoni, du Chaisne.

SARMATES.

M^{rs}. Giroux, le Breton.

M^{rs}. des Bordes, Dussel, Caster, Giguet, le Bel,
Guillet, Simonet, de Villiers.

NIMPHES de CITHERE.

Mlles. Richer, Bigotini.

Mlles. Martin, Jonveau, Felmé, du Bauchet,
du Mesnil, le Houx, Huet, Montauban, la Blottière,
des Champs, Villette, Baudouin, Esther,
Dorse, Jamard, Courtois.

ACTE TROISIÉME.

MARS. M. VESTRIS.

VÉNUS. Mlle. HEINEL.

L'AMOUR. Mlle. MICHELOT.

SUITE DE VÉNUS ET DE L'AMOUR.

M. GARDEL, l.

M^rs. Leger, Abraham.

Mlles. d'Elfebvre, du Bois.

M^rs. Trupti, Henri, Huart, Rivet, Laval,
Liesse, Roissi, Pladix.

Mlles. Gertrude, Durville, Bigotini, Saunier.

Mlles. Martin, Jonveau, du Mesnil, l'Huillier,
Gertrude, Durville, Bigotini, Saunier.

BERGERS & BERGERES.

M. D'AUBERVAL, Mlle. GUIMARD.

M^rs. Dossion, Aubri, Hennequin, l., le Breton,
Olivier, le Doux, Barré, Rufflet.

Mlles. Henriette, Constance, du Pin, Duval,
Auberte, Thiste, du Parc, Belletour.

CITHERE
ASSIEGÉE,
BALLET EN TROIS ACTES.

ACTE PREMIER.

Le Théâtre représente un bocage de mirthes fleuris & de palmiers, s'écourbant les uns vers les autres, formant des ceintres, d'où pendent des festons de fleurs ; leurs tiges sont environnées de guirlandes : dans le fond est un piédestal, sur lequel on voit les statues de VENUS & d'ADONIS : sur le socle sont, d'un côté, les attributs de la déëffe ; de l'autre, ceux d'Adonis : sur le devant est un autel de sacrifices.

SCÈNE PREMIERE.

DAPHNÉ, DORIS, CLOÉ, Nimphes & Peuples, *qui célebrent une fête en l'honneur d'*Adonis.

DAPHNÉ, *alternativement avec le* Chœur.

Habitants de ce doux empire,
Chantés les feux qu'Amour inspire.

D A P H N É , seule.

O déèſſe ! o Vénus, que l'univers adore,
  Reçois nos vœux, notre encens, nos ſoûpirs :
C'eſt au nom d'Adonis que Cithère t'implore ;
  Rends ta préſence à nos deſirs,
Et ramene en ces lieux l'Amour & les plaiſirs.

      (*La fête continue.*)

D O R I S.

  Que tous les amants réunis
  Célebrent, par d'aimables fêtes,
  Le tendre & charmant Adonis,
  La plus chere de ſes conquêtes.

Pour ſuivre ce mortel, digne rival des dieux,
  Vénus abandonne Cithere ;
  Et ſon cœur, moins ambitieux,
  Le préfere au dieu de la guerre.

      (*Les danſes continuent.*)

D A P H N É.

  Adonis eſt fait pour charmer ;
  Il ne cherche point d'autre gloire :
  Il ne veut point d'autre victoire
  Que le bonheur d'enflâmer
  L'objet qu'il ſait aimer.

      (*La fête recommence.*)
        DAPHNÉ.

DAPHNÉ.

Ah ! quel bonheur d'aimer :
Quel bien fuprême,
Lorfque l'on fait charmer
L'objet qu'on aime !
Le bien fuprême
Eft de s'aimer.

(*Les danfes continuent.*

SCÈNE II.

Les ACTEURS *précédents*, CARITE.

CARITE.

O Ciel ! secourés-moi, mes sœurs !
Je me jette en vos bras.

DAPHNÉ.

Qu'avés-vous ?

CARITE.

Je me meurs.
Sauvés-moi... sauvés-vous des horreurs de la guerre.
Je n'en puis plus ... des soldats menaçants ...

DAPHNÉ.

Expliqués-vous, Carite.

CARITE.

Ah !

DORIS.

Reprenés vos sens.
Parlés.

CARITE.

On attaque Cithere ...

Des ennemis cruels...

DAPHNÉ.

A nous, des ennemis!
De la beauté, tout respecte l'empire,
Et Jupiter, lui-même, à ses loix est soûmis.
Carite, est-ce l'effet d'un songe, ou d'un délire?

CARITE.

Sous un ormeau,
Je repôsois
Au bord de l'eau,
Et je respirois
L'air doux & frais
Qu'on sent là:
Ah!
Mon troupeau bondissoit
Sur des fleurs qu'un zéphir caressoit:
A l'abri du soleil,
Je me livre aux douceurs du sommeil:
Dans ce séjour
Je croyois voir dormir l'Amour;
Un monstre odieux
L'alloit frapper à mes yeux...
Dieux!

Je m'écrie auffi-tôt :
La frayeur me réveille en furfaut.
Quel malheur m'attendoit !
Du préfage mon cœur palpitoit.
Sur le côteau
Je ne vois plus mon cher troupeau :
Je vois des foldats
Et l'appareil des combats.

D O R I S.

Quels dangers nous menacent ?

C A R I T E.

Je prends la fuite : mais , hélas !
Dans les fleurs mes piés s'embaraffent
Et j'entends courir fur mes pas.
Je tombe , éperdue & mourante . . .
Un farouche foldat faifit ma main tremblante ;
Il me releve , & d'un air furieux . . .

D A P H N É.

Vous me faites frémir : o dieux !

C A R I T E.

Le barbare
Me déclare
Qu'il va m'immoler à Mars ;

A mes charmes,
A mes larmes
Le cruel n'a point d'égards.

Au secours, en vain j'appele :
Déjà le fer étincelle
A mes timides regards.

La colombe,
Qui succombe
Dans les serres du vautour,
Moins craintive,
Moins plaintive,
Gémit de perdre le jour.

DORIS.

Par quel hasard, ou par quelle surprise
Avés-vous pu, Carite, éviter le danger ?

CARITE.

Deux guerriers sont venus lui disputer ma prise :
Et, pendant leur débat, j'ai fui d'un pas leger.
Je crois encor les voir & les entendre.
Mon cœur glacé,
Opressé...

DAPHNÉ.

Craignons de nous laisser surprendre.
Quel sera notre sort ?

Je n'envifage
Que le ravage
Et l'efclavage,
La mort!

Dieu puiffant, embrâfe de ta flâme
Ces cœurs cruels... que la frayeur,
Le défefpoir & la terreur
S'emparent de leur âme:
Lance fur eux un trait vainqueur!

DAPHNÉ , CLOÉ , DORIS , CARITE ,
d'abord feules, & enfuite avec le CHŒUR.

Songeons à nous deffendre:
Préfervons ce charmant féjour.
Aux ennemis du tendre Amour,
Jufte ciel, faudra-t-il fe rendre?
Préfervons ce charmant féjour.

FIN DU PREMIER ACTE.

ACTE SECOND.

(*Le théâtre repréfente, d'un côté & dans le fond,
l'extérieur des jardins de* CITHERE, *qui fervent
d'enceinte & de remparts à cette ville : des buiffons
de rôfes, forment des paliffades à l'exterieur :
à-travers les colonnades, qui s'élevent fur les
murs, on découvre, dans l'éloignement, lepalais
de l'*AMOUR. *Il y a des foffés, & un pont-levis
qui, lorfqu'il eft levé, repréfente un treillage
doré, entrclaffé de fleurs, & qui s'accorde avec
les autres treillages qui garniffent les remparts.
De l'autre côté, le théâtre repréfente un payfage
agréable & mêlé de fleurs.*)

SCÉNE PREMIÈRE.

OLGAR, BARBARIN.

BARBARIN.

SEIGNEUR Olgar, ces lieux ne font pas sûrs :
Il faut que la valeur fe joigne à la prudence.

OLGAR.

Je viens reconnoître ces murs,
        Objèts de notre vengeance.

BARBARIN.

Ah ! nous avons des cœurs bien durs.

OLGAR.

Quoi, Barbarin a peur !

BARBARIN.

                Non : mais j'ai l'âme bonne.
        Je ne crains pas de m'expôser ;
        Mais, en vérité, je frissonne
Des défaſtres affreux que nous allons cauſer.

OLGAR.

Cithere va périr ; Mars outragé l'ordonne.
L'infidele Vénus lui préfere Adonis :
Il ſe livre aux tranſports qui déchirent ſon âme ;
        Et nos ſcithes ſe ſont unis
Pour venger ſon affront par le fer & la flâme.

BARBARIN.

Cette injure n'eſt pas pour nous :
        Quelle imprudence extrême !

                                D'un

D'un rival, si Mars est jaloux,
Qu'il se batte lui-même.

OLGAR.

Ce dieu redoute encor ce séjour dangereux ;
Il n'y seroit pas invincible.
Pour résister à l'Amour, à ses feux,
Il faut être un scithe insensible.

Brontès, ce chef intrépide,
Qui nous guide
Dans ce séjour,
Mieux que Mars, saura détruire
Le doux empire
De l'Amour.

Les prières, la douceur,
Rien ne le touche ;
Son cœur farouche
Chérit l'horreur.

Jusqu'à ce moment encore ,
Il ignore
Qu'on puisse aimer.

Moi, pour une tigresse
J'eus la foiblesse
De m'enflâmer.

C

Pourquoi fuivois-je Mars dans cette île funeste ?
J'y vis Doris, Doris qu'à-préfent je détefte.

B A R B A R I N.

A-t-elle été fenfible à vos foûpirs ?

O L G A R.

De mes tourments elle fit fes plaifirs :
J'abandonnai cette inhumaine ;
Mais la vengeance me ramene.

(On entend un bruit de guerre.)

B A R B A R I N.

Au fecours !

O L G A R.

Brontès vient à nous.
Pourquoi de fi fortes allarmes ?

B A R B A R I N.

C'eft un mouvement de courroux.

O L G A R.

Que nos foldats prennent les armes.

(B A R B A R I N fort.)

SCÊNE II.

OLGAR, seul.

O Triste, accâblant soûvenir !
Dont le retour sans-cèsse me rappele
La fierté, le mépris d'une nimphe cruelle :
O triste, accâblant soûvenir !
Non, non, je ne puis te bannir.
Du feu, qui m'enflâmoit pour elle,
J'éteins la dernière étincelle.

Quelle étoit mon erreur !
Nimphe inhumaine,
Tu jouis de ma peine :
Il est un vengeur.
Infidele, inhumaine !
Que tes regrèts égalent ma douleur.

Dans les fers que je te prépare,
Tu vas gémir de tes rigueurs :
Oui, j'aurai le plaisir barbare,
D'entendre tes sanglots, de voir coûler tes pleurs :
Je jouirai de tes malheurs !

SCÉNE III.

BRONTÈS, OLGAR, SOLDATS.

BRONTÈS.

A Moi, fiers soldats,
Suivés mes pas,
Animés-vous
Tous.
Pour nous les combats
Ont des appas;
Courons aux coups.
Qui peut se flatter
De résister
A notre audace?
Main - bâsse,
Sans grâce :
Courons,
Livrons
L'assaut,
Tôt.
Bravons le danger :
Il faut venger
Sur ces remparts
Mars.
(*Marche des SCITHES & des SARMATES.*)

CHŒUR des SCITHES & des SARMATES.

O Mars, dieu de la guerre,
Embrâse-nous de ton fier tranſport :
Point de clémence ;
Sers notre vengeance :
Renverſons,
Brûlons
Cithere,
Et dans ces lieux feſons régner la mort.

(*Les* SCITHES *& les* SARMATES *font des évo-
lutions & l'exercice de la maſſue*).

BRONTÈS, OLGAR.

Que tous nos guerriers en ce moment
Inveſtiſſent Cithere.
Qu'on écoute le commandement
Et les loix de la guerre.
Forçons ces remparts avec ardeur.
La fierté veut en vain les deffendre :
Mais il faut redoubler de valeur,
Si l'ennemi cherche à nous ſurprendre.
A ſes cris ſoyés toûjours ,
Sourds :
C'eſt alors qu'il uſe de détours.
Sans égard , ſans pitié pour ſes jours ,
A ſes cris ſoyés toûjours
Sourds.

SCÈNE IV.

Les ACTEURS précédents, BARBARIN.

BARBARIN, à BRONTÈS.

SEigneur, sur les remparts, je vois un drapeau blanc ;
Ce signal est de bon augure :
Et nous allons, sans répandre de sang,
Avec honneur terminer l'aventure.

(On sonne de la trompette, sur les remparts ; on baisse le pont-levis : DAPHNÉ s'avance, une branche d'olivier à la main.)

SCÈNE V,

Les ACTEURS *précédents*, DAPHNÉ.

DAPHNÉ.

IL est tems de capituler :
Envain l'on voudroit s'en deffendre.

BRONTÈS.

Nous t'écoutons : tu peux parler.
Quel traitement ôferiés-vous prétendre?

Apprends que le fcithe guerrier
Ne fit jamais aucun quartier ;
Non, vous n'en devés pas attendre :
Ces remparts démolis & ces lieux ravagés …

DAPHNÉ.

Seigneur, de par les affiégés,
Je viens vous fommer de vous rendre.

BRONTÈS.

De nous rendre !

DAPHNÉ.

A l'inftant ; tous vos fcithes & vous.

Quoi, vous êtes surpris !

B A R B A R I N.

Seigneur, nous rendrons-nous ?

D A P H N É.

Quelle audace, soldats,
Conduit vos pas ?
Le courage dans les combats
Peut vous garantir du trépas ;
Mais on ne peut jamais, jamais
De l'Amour éviter les traits.
Craignés tout de notre valeur :
Traitons ensemble, avec douceur ;
Vous ne pouvés mieux faire.
Nous vous accordons de bon cœur
Les honneurs de la guerre.

O L G A R.

Ne tardons pas à punir l'insolence
Des habitants de ce séjour.

B R O N T È S.

Quoi, de vils sujèts de l'Amour
Òseroient faire résistance !

B A R B A R I N.

Si de pareils soldats embrassent sa deffense,
Allons, allons, ce bras guerrier

Ne

Ne leur fera point de quartier.

Mais, des chefs, tels que vous & moi,
Ne s'expôsent qu'avec prudence :
Commander, voilà notre emploi ;
Aux soldats est l'obéissance.

Pour moissonner ces fiers lauriers,
  Dont l'honneur nous couronne ;
Soldats, avancés les premiers ;
  C'est moi qui vous l'ordonne.

D A P H N É.

Rendés-vous : que sert-il d'attendre ?
Mille plaisirs vous sont offerts :
Et pourquoi rougir de vous rendre ?
Il est doux de porter nos fers.

On s'arrache la victoire,
      Sans égards,
  Dans les champs de Mars :
  Les vainqueurs seuls ont la gloire ;
      Les vaincus
    Demeurent confus :
Mais on se partage l'honneur
    Dans la douce guerre
    Qu'on fait à Cithere :
  Il est tout aussi flatteur
D'être vaincu que vainqueur.

BRONTÈS.

Marchés, soldats : Brontès vous guide.

DAPHNÉ.

Calmés, calmés ce transport homicide :
Esperés moins de vos succès.
A Mars nous oppôsons Alcide,
Ou le fier Achille à Brontès.
Qu'un combat singulier décide.

BRONTÈS.

J'y veux bien consentir.

DAPHNÉ.

                Parmi vous est Olgar :
On voudroit le voir tête-à-tête.
Ôse-t-il courir ce hasard ?

OLGAR.

Si vous le permettés, seigneur, rien ne m'arrête.

BRONTÈS.

En fesant choix de vous, j'assûre ma conquête.
(*BRONTÈS s'éloigne : les SCITHES & les SARMATES*
se rangent aux deux côtés du théâtre, pour laisser
le champ libre.)

BARBARIN, *à* OLGAR.

Soûtenés fièrement l'honneur de notre état :
Je vais juger, de loin, le succès du combat.

DAPHNÉ.

Seigneur, on vous dit invincible ;
Mais bientôt on vous soûmettra.

OLGAR.

Quel est donc ce guerrier terrible,
Qui croit ma victoire impossible ?
Qu'il se présente.

DAPHNÉ, *montrant* DORIS.

Le voilà.

(*Elle rentre dans la ville.*)

SCÉNE VI.

OLGAR, DORIS, Scithes, Nimphes.

OLGAR.

C'Eſt Doris, ciel!.. Ès-tu l'ennemi redoutable
Que l'on oppôſe à ma valeur ?

DORIS.

Oui : voyons guerrier indomtable
Qui de nous deux ſera vainqueur.

OLGAR.

D'où naît le tranſport qui m'agite ?
Dans mon âme ſa vue excite
Et le dépit & la fureur.

DORIS.

O Vénus ! redouble mes charmes.
Pour ta gloire, Amour, que tes armes
Puiſſent frapper ſon cœur !

CHŒUR des NIMPHES.

Amour, ſignale ta puiſſance ;
Vole à notre deffenſe.

CHŒUR des SCITHES.

N'écoute rien que la vengeance.

DORIS.

Nous égalons votre valeur.

OLGAR.

Quel discours téméraire !

DORIS.

Croyés-vous donc par la fureur
Pénétrer dans Cithere ?

LES NIMPHES.

Amour ! protege ces remparts ;
Sauve-nous des fureurs de Mars.

LES SCITHES & les SARMATES, à OLGAR.

N'écoute rien que la vengeance.

LES NIMPHES.

Signale ta puissance ;
Vole à notre deffense.

LES SCITHES & les SARMATES, à OLGAR.

Immole, au pié de ces remparts,
Une victime à Mars.

DORIS.

Eh bien , je ne résiste plus.
Perce mon cœur , ce cœur rempli de ton image.

<table>
<tr><td align="center">OLGAR.</td><td align="center">DORIS.</td></tr>
<tr><td>Oui, oui, je l'aime encore ;
Oui, je l'adore.</td><td>Olgar m'aime encore ;
Olgar m'adore.</td></tr>
</table>

DORIS.

Si tu combats pour Mars, je combats pour Vénus :
Je suis digne de toi.

OLGAR.

Je punirai l'outrage.
Suis-moi, perfide.

DORIS.

Et que prétend Olgar ?

OLGAR.

Te traîner, captive à mon char.

DORIS.

Nous soûmettons le plus farouche,
Par un regard, par un soûpir :
Ce sont les armes du plaisir.
Si ces traits n'ont rien qui te touche,
Frappe ! immole un cœur amoureux,
Dont toi seul allumas les feux.

LES CHŒURS.

N'écoute rien, &c.

D O R I S.

Oui, je t'aimois, ingrat ; j'ai dû te le cacher.

O L G A R.

Tes rigueurs...

D O R I S.

Eſt-ce à toi de me les reprocher ?

L'amant, jaloux de notre gloire,
Sait mettre un frein à ſes deſirs :
Il doit acheter la victoire
Par ſes égards, par ſes ſoûpirs.
Avec le tems il la mérite ;
Elle eſt le prix d'un feu conſtant.
Et vous prétendiés, comme un ſcithe,
Vaincre & triompher à l'inſtant.

Nous réſiſtons à qui nous brave ;
On nous ſoûmet par la douceur :
Il falloit être mon eſclâve,
Pour devenir bientôt mon vainqueur.

O L G A R.

Ton eſclâve !.. & j'aurois la honte !..
Crois-tu que ton pouvoir me domte ?
Crois-tu que je me rende à tes diſcours trompeurs ?
Non, non ; j'ai reconnu tes piéges ſéducteurs.

(*à part.*)
Méprifons ces perfides charmes.
(*à* D O R I S.)
Ne crois pas que tu me défarmes ,
Par l'efpoir d'un plus doux retour.

D O R I S.

Viens donc combattre, & fonge à ta deffenfe :
J'ai de quoi te convaincre en ce jour ,
Avec les armes de l'Amour.
Contre fes traits ,
A-t-on jamais
Fait réfiftance?

O L G A R.

Méprifons ces perfides charmes.
Ne crois pas que tu me défarmes ,
Par l'efpoir d'un plus doux retour.

D O R I S.

J'ai de quoi te vaincre en ce jour , *&c.*

L E S C H Œ U R S.

N'écoute rien , *&c.*

O L G A R.

Eh bien, c'en eft donc fait; puifque Mars me l'ordonne,
Qu'elle tombe... dieux ! je friffonne...
Meurs , cruelle ,
Infidele :

Je

ASSIÉGÉE.
Je cede à la haîne,
J'ai brîfé ma chaîne :
Mon cœur outragé,
De tes fers dégagé,
Sera vengé.
Je defire
Ton martire.
(*à part.*)
Je foûpire !

DORIS.

Quel délire !

O L G A R, *à part.*

Tendre foûvenir,
Pour jamais je dois te bannir.

D O R I S.

Vois mes larmes…

O L G A R, *à part.*

O dieux ! que de charmes !

D O R I S.
Tu caufes mes pleurs :
Ah ! je me meurs

O L G A R, *à part.*
Eh quoi ! fa trifteffe
M'intérefse ?

E

CITHERE
(*haut.*)
Cache-moi tes pleurs.
(*à part.*)
Je foûpire :
Quel délire !

DORIS.

Il foûpire :
Quel délire !

OLGAR, *à part.*
Quelle foiblesse !

DORIS.
Je me meurs.

OLGAR, *haut.*

Ah ! cruelle ,
Infidele !
(*à part.*)
Un feu que j'ignore ,
Me dévore ;
Oui, je l'adore.
Ma haîne en ce jour
Lui prouvoit donc encore
Mon amour ?
(*haut.*)
Ah, barbare !

(*à part.*)

Je m'égare.

Quoi, rien ne balance

Sa puiſſance?

D O R I S, *à part.*

Il ſoûpire :

Quel délire !

O L G A R.

ENSEMBLE.

Ah ! c'eſt l'augmenter
Que de vouloir y réſiſter.

D O R I S.

Je vais l'emporter :
Olgar ne peut me réſiſter.

D O R I S, *à part.*

De ce trait de l'Amour qu'il ſente la puiſſance.

(*à* O L G A R.)

Eſt-ce ainſi que de Mars tu remplis la vengeance ?

Quoi déjà tu ſens des allarmes,

Et tu laîſſes tomber tes armes !..

Ranimes-toi ; c'eſt inſulter

Notre gloire ,

Que de ſavoir mal diſputer

La victoire.

Souffrirai - je un affront mortel ?
Quel reproche cruel,
           Ciel !

D O R I S.

Je vais donc l'emporter sur toi !..
Tu vas suivre ma loi.

O L G A R.

          Moi !..
De mon cœur chassons la pitié.

D O R I S.

Je t'ai vaincu plus d'à moitié ;
Et ce trait - là
T'achevera :
Tiens , le voilà.

(Elle touche de son trait O L G A R *, dont le trouble augmente.)*

Olgar soûpire !

O L G A R.

Justes dieux, que je suis confus !..
Un feu... c'est assés vous en dire :
Hélas ! que voulés-vous de plus ?
Olgar, Olgar soûpire.

(Se mettant à genoux.)

Que de mon fort Doris difpôfe :
Je rends les armes.

(Il lui remet fa maſſue.)

DORIS.

Levés-vous.
La peine qu'au vaincu j'impôfe,
Eſt de s'enchaîner avec nous.

Que mon captif aille annoncer
Qu'il faut que l'on fe rende :
Obéiſſés, fans balancer,
Lorſque Doris commande.

CHŒUR des NIMPHES.

Triomphés, nimphe charmante ;
Vos traits ont vengé l'amour.
Que chacun chante
Dans ce grand jour
Sa victoire éclatante.

(Au commencement de ce chœur, BRONTÈS paroît :
il reſte immobile d'étonnement. DORIS, à fa
vue, fe retire fièrement avec la maſſue d'OLGAR,
qu'elle a défarmé : elle reparoît enſuite ſur les
remparts, au milieu des nimphes, avec ce tro-
phée.)

SCÈNE VII.

BRONTÈS , OLGAR , Scithes , Sarmates ;
Nimphes.

BRONTÈS.

Mon étonnement est extrême.
Un héros, formé par moi-même…

OLGAR.

Doris, Doris m'a désarmé.
Si l'amour est une foiblesse,
Pourquoi les dieux ont-ils formé
Ce cœur, capable de tendresse?

Je sens naître en mon cœur
Une flâme plus vive ;
Et mon âme captive,
Reconnoît un vainqueur.

Les belles sont nos rois,
Nos cœurs sont leur empire ;
Et tout ce qui respire
Est soûmis à leurs loix.

(Il sort.)

BRONTÈS.

Fuis, vil esclâve, que j'abhorre ;
Va ramper aux piés de l'Amour :
Fuis, & souviens-toi de ce jour,
Que ta lâcheté déshonore.

SCÊNE VIII.

BRONTÈS, SCITHES, SARMATES, NIMPHES.

BRONTÈS.

ENfants de la victoire,
Accourés à ma voix.
Il faut que par nos exploits,
Nous réparions notre gloire.

CHŒUR des SCITHES & des SARMATES.

Courons à la victoire ;
A l'affaut, à l'affaut ! obéiffons à Mars :
Arborons nos étendarts
Sur ces remparts.

CHŒUR des NIMPHES.

Par des plaifirs enchanteurs
Nous foûmettons toute la terre :
Nous voulons frapper vos cœurs,
Mais, par une plus douce guerre.
Nous n'oppôfons à vos fureurs
Que des parfums & que des fleurs.

CHŒUR des SCITHES & des SARMATES.

Renverfons les autels
Du tiran des mortels.
A l'affaut, &c.

CHŒUR

CHŒUR des NIMPHES.

Cédés , rendés-vous ;
Cédés au dieu de Cithere :
Cédés , rendés-vous
A des charmes si doux.

CHŒUR des SCITHES & des SARMATES.

Cédés , rendés-vous
Au dieu de la guerre.

BRONTÈS.

Courage , courage ,
O braves soldats !
L'honneur vous engage ;
La gloire est sur vos pas.

A l'assaut , &c.

CHŒUR des SCITHES & des SARMATES.

A l'assaut , &c.

DAPHNÉ.

Accourés , nimphes legeres ;
Servés nos desirs :
Enchainés ces téméraires
Au sein des plaisirs.

CHŒUR des SCITHES & des SARMATES.

Arborons nos étendarts
Sur ces remparts ;

Obéiſſons à Mars.
L'Amour, avec adreſſe,
Prépare nos malheurs :
Le trait dont il nous bleſſe
Eſt entouré de fleurs.

CHŒUR des NIMPHES.

Triomphés, nimphes, &c.

BRONTÈS.

Quoi lâches ! vous fuyés tous ?,
Quoi, des nimphes ont l'avantage ?
Quel affront pour nous !
O rage !
Ranimés-vous, raſſemblés-vous.

LES NIMPHES.

Triomphés, troupes legeres ;
Enchaînés ces téméraires
Au ſein des plaiſirs :
Servés nos deſirs.

(*Un nombre de* SCITHES *&* *de* SARMATES *fuient ;
les autres ſont enchainés par les* NIMPHES.)

FIN DU DEUXIÈME ACTE.

ACTE TROISIÈME.

Vers la fin de cet Acte, les remparts & les rochers disparoîssent, & sont remplacés, sur les devants, par un paysage agréable , orné de fontaines, de vâses & de figures ; &, dans le fond, par le temple de l'Amour.

SCÊNE PREMIÈRE.

BRONTÉS, seul.

QUELLE douleur cruelle !
Étonnés, éperdus,
Ils se sont tous rendus.
En vain je les rappele,
Que sont - ils devenus ?
Mes cris sont superflus.

En vain je les rappele ;
Ils ne m'écoutent plus :
O pouvoir de Vénus !
Je reste seul ; & seul j'effacerai la honte
Dont nos scithes se sont couverts :
Il n'est aucun pouvoir, aucun dieu qui me domte ;
Je brave les cieux, les enfers.

Pour ma gloire quel affront cruel,
O ciel !
Je préfere à cet indigne sort
La mort.
Mes soldats épars
De toutes parts,
Ont donc perdu tout leur courage ?
O rage !
Quel outrage !
Je veux tout réduire en cendre.
A ma fureur tout doit se rendre.
Oui, c'est du sang qu'il faut répandre,
Immolons ce sexe au dieu Mars.

SCÊNE II.

BRONTÈS, CLOÉ.

C L O É.

(*à part.*)

AMour ! feconde - moi : tâchons de défarmer
Ce malheureux, qui ne fait point aimer.

(*haut.*)

Où courés-vous, Seigneur ? le péril eft extrême :
Ah ! je frémis pour vous.

B R O N T È S.

Frémiffés pour vous-même.

C L O É.

Bien loin de m'oppôfer à vos nobles projèts,
Je viens aider à leur fuccès.

B R O N T È S.

Qui... toi ?

C L O É.

Si vous daignés m'en croire,
Je puis, en me vengeant, affûrer votre gloire.

B R O N T È S.

Gardes-toi bien de m'arrêter.

C L O É.

Ah ! ne refusés pas, seigneur, de m'écouter.

Cithere contre vous n'ôse prendre les armes ;
Mais, dans l'espoir de vaincre, ou de vous résister,
Ses lâches habitants ont recours à des charmes :
Celui qui les éprouve est soûmis à l'Amour.
Ne vous expôsés pas à sa ruse perfide ;
Prévenons-en l'effet ; je serai votre guide :
N'approchés pas encor de ce fatal séjour.

B R O N T È S.

Réserve tes conseils pour une âme timide.

C L O É.

Ne les rejettés point. Vos foibles ennemis,
Pour mieux trahir, vont paroître soûmis ;
C'est le seul moyen qui leur reste :
Mais, à l'instant que leur bouche proteste
Le plus sincere attachement,
Le parjure a déjà précédé le serment.
Deffendés-vous d'une pitié funeste :
Vous ignorés les coups dont on veut vous frapper.
Au moment où je parle, on cherche à vous tromper :
Croyés - en mon expérience.

BRONTÈS.

Et toi-même, peut-être...

CLOÉ.

Il se pourroit très-bien.
J'approuve cette défiance :
Vous m'avés devinée. Adieu, Seigneur.

BRONTÈS.

Revien.
Quel motif t'intéresse à prendre ma deffense ?

CLOÉ.

Vos vertus, vos râres exploits ;
Le desir que j'aurois de vivre sous vos loix.

Mon cœur se plaît au bruit des armes,
Et j'aime en vous cet air vainqueur.
Je trouve mille charmes
Dans les alarmes,
Dans la valeur.
Mon cœur se plaît au bruit des armes.

BRONTÈS.

Elle éleve mon âme ; & le feu de ses yeux
Me remplit d'une ardeur nouvelle :
Je ne puis soupçonner son zele.
Ah ! dans cet empire odieux

Je jure de n'épargner qu'elle.
Je la respecte.   *C L O É.*

          Ici j'éprouve mille horreurs.

Pour me punir de mes rigueurs,
On me réduit au plus dur esclavage :
Aux autels de Vénus on force mon hommage :
On m'avilit ; on me pare de fleurs.

B R O N T È S.

Je vais t'épargner cet outrage.

D u o.

C L O É.

Arrachés-moi de ces affreux climats.
Je veux jouir d'une gloire immortelle.

B R O N T È S.

Tu me suivras
Dans les combats.
Tu vas jouir d'une gloire immortelle.

C L O É.

Je fais serment de détester l'Amour.

B R O N T È S.

Je fais serment, à mon tour,
De détester l'Amour.

                    ENSEMBLE,

ENSEMBLE, *& du ton le plus tendre.*

Mon cœur lui jure une haîne éternelle.

CLOÉ, *prenant la hache-d'armes de* BRONTÈS.

Seigneur, permettés-moi... voyons un peu, de grâce,
Voyons si je suis bien sous les armes.

BRONTÈS.

Fort bien.

De la fière Bellonne elle a toute l'audace ;
Et son courage augmente encor le mien.

CLOÉ, *lui ôtant son épée.*

Essayons si de cette épée
Je pourrois aussi me servir.

BRONTÈS.

Que vois-je ? mon âme est frappée
D'étonnement & de plaisir.

CLOÉ.

Ah, grands dieux ! que je suis ravie
De tenir ce fer meurtrier.

Que l'ennemi paroîsse... ah, s'il avoit envie
D'éprouver mon courage altier !
Aussi-tôt il perdroit la vie,
Ou me demanderoit quartier.   G

BRONTÈS.

Plus je l'entends… plus je suis dans l'ivreſſe.

C L O É.

Aprés l'avoir vaincu , pour m'en rendre maîtreſſe...
Permettés-moi , ſeigneur… je le lirois ainſi.

B R O N T È S.

Que faites vous ?

C L O É.

Paix , paix. Enfin , j'ai réuſſi.

C L O É.	*B R O N T É S.*
Ce cœur ſi fier , ce cœur ſi grand	Dieux , quelle honte !
De moi n'a pu ſe deffendre :	Briſons… je ne puis.
Et par Cloé, comme un enfant,	
Vous venés de vous laiſſer pren-	
dre !	Dieux , quelle honte !
Soyés ſoûmis	Briſons… je ne puis.
Au pouvoir qui vous domte.	
Ce cœur ſi fier, ce cœur ſi grand	Redoute mes fureurs !
De moi n'a pu ſe deffendre :	Rompons, rompons ces fleurs.
Et par Cloé, comme un enfant,	
Vous venés de vous laiſſer pren-	
dre !	Ma peine eſt vaine :
Mes nœuds ſont forts, quoique lé-	Ah ! quel revers.
gers ;	Cloé m'enchaine.
Et vous perdés votre peine.	Ces nœuds de fleurs , ces nœuds
On briſeroit plutôt des fers ,	légers
Que les fleurs dont l'Amour en-	Ont plus de force que des fers.
chaine.	

SCÈNE III.

BRONTÈS, CLOÉ, OLGAR, DORIS.

OLGAR.

Ciel ! eſt-ce Brontès que je vois ?

DORIS, à CLOÉ.

Brontès enchaîné ſous tes loix !

CLOÉ.

Oui, que ſon fier orgueil s’abaîſſe ;
Oui, c’eſt lui que je mene en l’èſſe :
J’ai ſurpâſſé tous ſes exploits.

BRONTÈS.

Je cede au penchant qui m’entraîne.
Ôtés ces nœuds ; il en eſt de plus doux :
Il ne me faut point d’autre chaîne
Que l’amour qui m’attache à vous.

CLOÉ, DORIS, BRONTÈS, OLGAR.

Les dieux, dans leur grandeur ſuprême,
Ont un ſort moins délicieux.
Regner ſur ce qu’on aime,
C’eſt regner ſur la terre & les cieux.

SCÊNE IV.

Les ACTEURS *de la Scêne précédente ,* DAPHNÉ.

DAPHNE.

QUe le calme règne à Cithere.
Ces scithes inhumains , qui ravagent la terre ,
A nos piés se font prosternés :
On vous les amene enchaînés.

SCÊNE V.

Les ACTEURS *de la Scêne précédente ,* NYMPHES,

SCITHES *enchaînés.*

DAPHNÉ.

TOut annonce ici la présence
Du dieu qui règne sur les cœurs.
Mars & Vénus , unis par sa puissance ,
Vont répandre sur nous de nouvelles faveurs.

(Sur une marche, tous les personnages vont rendre hommage à VÉNUS, à l'Amour & à MARS, qui descendent dans une gloire.)

LES CHŒURS.*

Ici mille Plaisirs
Suivent nos desirs ;
Et pour toûjours
Embelliffent nos jours.

CLOÉ, DORIS, d'abord feules , & enfuite avec tous les autres ACTEURS.

A tous les inftants
On voit éclore
De zéphir & de flore
Les dons charmants.
Tout rit en ces lieux ;
Tout eft enchanté :
Tout peint à nos yeux
La liberté.

---

* *Ce Chœur n'eft point de l'Auteur du Poeme ; il a été parodié à Vienne fur la Mufique de M. le Chevalier Gluck.*

(Pendant ce morceau de chant, MARS, VÉNUS & l'AMOUR descendent sur le théâtre ; leur Suite paroît en même tems.)

CLOÉ.	Les autres ACTEURS.
La volupté	La chaîne des cœurs,
Sur ce rivage	Toûjours legere,
Est le partage	A qui veut plaire
De la gaîté.	N'offre que des fleurs.

DAPHNÉ.	
Ici mille plaisirs	Un doux délire
Suivent nos desirs ;	Comble tous nos vœux ;
Et toûjours	Chanter & rire
Embellissent nos jours.	Nous rend heureux.

TOUS ENSEMBLE.

Tout rit en ces lieux ;
Tout est enchanté :
Tout peint à nos yeux
La liberté.

(Les BERGERS, les BERGERES & la Suite de VÉNUS & de l'AMOUR se réunissent, en dansant, & commencent la fête.)

SCÉNE DERNIÉRE.

MARS, VÉNUS ET L'AMOUR,
Suite de VÉNUS & de L'AMOUR,
& tous les ACTEURS *Précédents.*

DAPHNÉ.

NImphes, chantés victoire :
Il n'est plus d'ennemis.
L'Amour les a soûmis,
  Pour notre gloire.

Vénus ici ramene
La paix, les ris, les jeux :
Et Mars, plus amoureux,
  Reprend sa chaîne.

                    (*La fête continue.*)

CLOÉ.

L'aimable paix règne dans ces asiles :
        Le tendre Amour
        Est de retour.
On goûte ici des biens tranquilles ;
Les ris, les jeux vont embellir sa cour.

Ce dieu fait, par fa préfence,
Enchanter ces lieux chéris :
Et le bonheur, dans nos cœurs attendris,
Ajoûte à fa puiffance.

L'aimable paix règne dans ces afiles :
Le tendre Amour
Eft de retour.
On goûte ici des biens tranquilles ;
Les ris, les jeux vont embellir fa cour.

(*Une fête génerale termine le Spectacle.*)

F I N.

A P P R O B A T I O N.

J'Ai lu , par ordre de Monfeigneur le Garde des Sceaux , CITHERE ASSIÉGÉE , Ballet en trois Actes ; & je n'y ai rien trouvé qui m'ait paru devoir en empêcher l'impreffion.

A Paris, ce 7 Juin 1775.

CRÉBILLON.